BEI GRIN MACHT SICH IHR WISSEN BEZAHLT

- Wir veröffentlichen Ihre Hausarbeit, Bachelor- und Masterarbeit

- Ihr eigenes eBook und Buch - weltweit in allen wichtigen Shops

- Verdienen Sie an jedem Verkauf

Jetzt bei www.GRIN.com hochladen und kostenlos publizieren

GRIN

Trainingssteuerung im Ausdauertraining. Ausarbeitung eines 6-wöchigen Mesozyklus

Jan Wandelt

Bibliografische Information der Deutschen Nationalbibliothek:

Die Deutsche Nationalbibliothek verzeichnet diese Publikation in der Deutschen Nationalbibliografie; detaillierte bibliografische Daten sind im Internet über http://dnb.d-nb.de abrufbar.

ISBN: 9783346289599
Dieses Buch ist auch als E-Book erhältlich.

Druck und Bindung: Books on Demand GmbH, Norderstedt Germany
Gedruckt auf säurefreiem Papier aus verantwortungsvollen Quellen

Das vorliegende Werk wurde sorgfältig erarbeitet. Dennoch übernehmen Autoren und Verlag für die Richtigkeit von Angaben, Hinweisen, Links und Ratschlägen sowie eventuelle Druckfehler keine Haftung.

Das Buch bei GRIN: https://www.grin.com/document/948893

Deutsche Hochschule für
Prävention und Gesundheitsmanagement
Hermann Neuberger Sportschule 3
66123 Saarbrücken

Einsendeaufgabe

Fachmodul:	Trainingslehre 2
Studiengang:	Gesundheitsmanagement
Datum Präsenzphase:	03.06.2019 – 05.06.2019
Name, Vorname:	Wandelt, Jan
Studienort:	Hamburg
Semester:	SS 2018

Inhaltsverzeichnis

1 Teilaufgabe 1 - Diagnose

1.1 Allgemeine und biometrische Daten

In der folgenden Tabelle veranschauliche ich die allgemeinen und biometrischen Daten meiner ausgewählten Person.

Tabelle 1 Allgemeine und biometrische Daten der Probandin

Alter	53 Jahre
Geschlecht	Weiblich
Körpergröße	165 cm
Körpergewicht, BMI	78 Kilogramm, BMI: 28,7
Berufliche Tätigkeit	Büroangestellte
Zeitlicher Verfügungsrahmen	3 x wöchentlich jeweils 60 Minuten
Aktuelle/Frühere sportliche Aktivitäten	•5 Jahre Erfahrung im Kampfsport „Aikido" • Step-Aerobic (2 Jahre, 2x in der Woche) • Joggen (3 Jahre, 1x in der Woche)
Trainingsmotive	• Abnahme des Körpergewichts • Figurformung, • Generelle Verbesserung der Ausdauerleistungsfähigkeit
Blutdruck	• 142/85 mmHg (Gemessen am 10.06.19, 9:19 Uhr mittels Oberarmblutdruckmessgerät)
Orthopädische Erkrankungen	• Tibia-Fraktur 06/18 (operative Versorgung)
Internistische Erkrankungen	• Hypertonie Grad 1 (142/85 mmHg)

Tabelle 2 Definition und Klassifikation von Blutdruckstufen in mmHg (Kindermann, 2013, S. 227)

Kategorie	Systolisch	Diastolisch
Optimal	< 120	< 80
Normal	120 - 129	80 - 84
Hoch normal	130 - 139	85 - 89
Stufe 1 (leichte Hypertonie)	140 - 159	90 - 99
Stufe 2 (mittelschwere Hypertonie)	160 - 179	100 - 109
Stufe 3 (schwere Hypertonie)	> 180	> 110
Isolierte systolische Hypertonie	> 140	< 90

Tabelle 3 BMI-Klassifizierung nach WHO (WHO, 1998)

Klassifizierung	BMI
Untergewicht	< 18,5
Normalgewicht	18,5 – 24,9
Übergewicht	25,0 – 29,9
Adipositas Grad I	30,0 – 34,9
Adipositas Grad II	35,0 – 39,9
Adipositas Grad III	> 40

Tabelle 4 Normalwerte der Herzfrequenz in Ruhe und bei maximaler körperlicher Belastung in Abhängigkeit vom Lebensalter (Markworth, 1983, S. 161)

Lebensalter in Jahren (J)	Ruhe HF/Min.	Max. körperliche Belastung HF/Min
Neugeborene	110-150	./.
Kind	65 - 105	Bis ca. 230
Erwachsene (20 - 60 J)	60 - 100	Bis ca. 200
Erwachsene (60 J)	60 - 100	Bis ca. 160

1.2 Leistungsdiagnostik/Ausdauertestung

Als Ergebnis der Auswertung der biometrischen Daten lässt sich sagen, dass die Person als signifikant leistungsschwach eingestuft werden kann. Der Body-Mass-Index der

Probandin liegt bei 28,7, dieser Wert wird als Übergewicht interpretiert (WHO, 1998). Die Person betreibt aktuell keinen Sport. Um ein passendes Verfahren für die Leistungsdiagnostik zu finden, muss eine Voreinstufung hinsichtlich der Belastbarkeit der Person vorgenommen werden. Hierzu werden das Alter, Geschlecht, Ruhepuls sowie der aktuelle Trainingszustand herangezogen und mit einer geschlechtsspezifischen Norm-Soll-Leistungstabelle verglichen. Aus diesen angegebenen Werten errechnet sich die Pulsobergrenze für ein aerobes Ausdauertraining. Als Gesundheitstrainer wählt man hier einen Test, welcher für leistungsschwache Personen geeignet ist. Hierzu wurde ein submaximaler Belastungstest auf dem Fahrradergometer (IPN-Test®) herangezogen. Gemessen wird die hierbei aerob erreichte Leistung in Watt pro Kilogramm Körpergewicht. Eine Ausbelastung wird hierbei nicht erforderlich. Als Belastungsschema dient hier das WHO-Stufenschema, welches vorrangig bei Untrainierten und/oder Frauen angewandt wird (IPN, 2004). Begonnen wird mit einer Eingangsbelastung von 25 Watt auf dem Fahrradergometer mit anschließender Steigung von 25 Watt alle zwei Minuten, bis die aerobe Pulsobergrenze erreicht wird (130 S/min). Die Trittfrequenz liegt hier bei 60-80 U/min.

In der folgenden Tabelle veranschauliche ich den Testverlauf des absolvierten IPN-Testes.

Tabelle 5 Testverlauf IPN (eigene Darstellung)

Stufe	Zeit	Herzfrequenz	Watt
1	30	101	25
1	60	113	25
1	90	107	25
1	120	111	25
2	150	113	50
2	180	113	50
2	210	120	50
2	240	118	50
3	270	130	75
3	300	123	75
3	330	128	75

3	360	131	75

Das Ergebnis des Tests zeigt eine Abbruchleistung von 75 Watt nach 360 Sekunden. Die relative Wattleistung (Körpergewicht in kg) liegt somit bei: 75 Watt/78kg= 0,9 Watt/kg. Laut der Normtabelle für submaximale Radergometertests bei Frauen nach IPN liegt der Belastungsfaktor (Bf) meiner Person bei 0,51.

Tabelle 6 Normtabelle für submaximale Radergometertests - Relative Watt-Soll-Leistung (Watt pro kg) bei Frauen (modifiziert nach IPN, 2004, S.8)

Faktor/Alter	< 30	30 -34	35-39	40-44	45-49	50-54	55-59	Ab 60	Bewertung
0,50	1,15	1,09	1,04	0,98	0,92	0,86	0,81	0,75	--
0,51	1,2	1,14	1,08	1,02	0,96	0,90	0,84	0,78	--
0,52	1,25	1,19	1,13	1,06	1,00	0,94	0,88	0,81	--
0,53	1,3	1,24	1,17	1,11	1,04	0,98	0,91	0,85	--
0,54	1,35	1,28	1,22	1,15	1,08	1,01	0,95	0,88	--
0,55	1,40	1,33	1,29	1,19	1,12	1,05	0,98	0,91	-
0,56	1,45	1,38	1,31	1,23	1,16	1,09	1,02	0,94	-
0,57	1,50	1,43	1,35	1,28	1,20	1,13	1,05	0,98	-
0,58	1,55	1,47	1,40	1,32	1,24	1,16	1,09	1,01	-
0,59	1,60	1,52	1,44	1,36	1,28	1,20	1,12	1,04	-
0,60	1,70	1,62	1,53	1,45	1,36	1,28	1,19	1,11	∅
0,61	1,80	1,71	1,62	1,53	1,44	1,35	1,26	1,17	∅
0,62	2,00	1,90	1,80	1,70	1,60	1,50	1,40	1,30	∅
0,63	2,10	2,00	1,89	1,79	1,68	1,58	1,47	1,37	+
0,64	2,30	2,19	2,07	1,96	1,84	1,73	1,61	1,50	+
0,65	2,40	2,28	2,16	2,04	1,92	1,80	1,68	1,56	+
0,66	2,60	2,47	2,34	2,21	2,08	1,95	1,82	1,69	+
0,67	2,80	2,66	2,52	2,38	2,24	2,10	1,96	1,82	++
0,68	3,00	2,85	2,70	2,55	2,40	2,25	2,10	1,95	++
0,69	3,20	3,04	2,88	2,72	2,56	2,40	2,24	2,08	++
0,70	3,40	3,23	3,06	2,89	2,72	2,55	2,38	2,21	+++

1.3 Gesundheits- und Leistungsstatus der Person

Die weibliche, sich im Erwachsenenalter befindende Person erlitt aufgrund eines Arbeitsunfalles eine Tibia-Fraktur (2018) auf der linken Seite mit anschließender operativer Versorgung mittels Plattenfixation der proximalen Tibia. Da noch Material im Knochen verbaut ist, klagt die Person sporadisch über Schmerzen im linken Unterschenkel. Vor allem nach langen Strecken sowie bei schnellen Märschen habe sie Schmerzen. Mit einem Body-Mass-Index von 28,7 befindet sich die Person im oberen Bereich des Übergewichts (WHO, 1998). Nach Absolvierung des IPN-Testes wurde ein Belastungsfaktor von 0,51 festgestellt, was einem Wert im schlechten bis sehr schlechten Bereich entspricht. Der Blutdruck der Person liegt bei 142/85 mmHg und befindet sich somit im Bereich der Hypertonie Grad 1 (WHO).

2 Teilaufgabe 2 – Zielsetzung/Prognose

In der folgenden Tabelle veranschauliche ich drei primären Ziele meiner Person.

Tabelle 7 Ziele (eigene Darstellung)

Inhalt	Ausmaß	Zeit
Senkung des Blutdrucks	**5 – 10 mmHg** systolisch / **5-8 mmHg** diastolisch	12 Wochen
Verringerung des Body-Maß-Index	Aktueller Wert: **28,7** Angestrebter Wert: **24,9**	12 Wochen
Verbesserung der aeroben Leistungsfähigkeit (IPN-Test)	Aktueller Wert: **0,51** (0,9 Watt/kg) Angestrebter Wert: **0,6** (1,28 Watt/kg)	12 Wochen

2.1 Begründung der Ziele

Senkung des Blutdrucks

Die Person leidet mit einem Blutdruckwert von 142/85mmHg an einer Hypertonie Grad 1. Laut subjektiver Wahrnehmung der Person wurden weder ein hoher Blutdruck noch die damit einhergehenden Symptome bewusst wahrgenommen. Erst nach Feststellung der Blutdruckwerte mittels Messung am Oberarm (10.06.2019, 9:19 Uhr) während des

Check-up Termins bot es sich seitens des Trainers an, in einen Dialog mit der Kundin zu gehen um ihr mögliche Risiken durch eine Hypertonie zu veranschaulichen. Im Check-up Termin einigte man sich darauf, die Senkung des Blutdrucks als eines der drei primären Ziele festzulegen. Dieses soll wie folgt aussehen: Senkung des Blutdrucks in der Systole um 5 – 10 mmHg sowie in der Diastole um 5 – 8 mmHg innerhalb von zwölf Wochen. Somit würde der aktuelle hypertonische Blutdruckwert von 142/85mmHg auf Werte im Bereich des Hochnormalen (130/80mmHg) sinken. Begleiterkrankungen sowie Folgeschäden durch einen zu hohen Blutdruck werden somit früh vermieden (Chobanian, et al., 2003).

Verringerung des Body-Mass-Index

Das Gewicht der Person liegt mit 78 Kilogramm auf einer Größe von 1,65 laut BMI an der oberen Grenze des Übergewichts (BMI: 28,7). Die Person selber klagte im Check-up Termin darüber, dass sie mit ihrer Figur nicht zufrieden sei. Gerade im Bauch und Oberschenkelbereich sei zu viel Fettmasse. Trainer und Kundin einigten sich im Beratungsgespräch auf die Zielsetzung, den aktuellen Body-Mass-Index senken zu wollen. In zwölf Wochen wird eine Senkung des BMI-Werts um 3,8, also von 28,7 auf 24,9 angestrebt. Mit einem Body-Mass-Index von 24,9 würde die Person an der oberen Grenze des Normalgewichts liegen (WHO, 1998).

Verbesserung des Belastungsfaktors nach IPN

Die Testauswertung des durchgeführten IPN-Testes auf dem Fahrradergometer zeigt einen Wert gemessen in Watt/kg Körpergewicht von 0,9. Nimmt man diesen Wert in Bezug auf die Normtabelle für submaximale Radergometertest für Frauen, so liegt dieser im schlechten bis sehr schlechten Bereich (0,51). Der aerobe Energiedurchsatz gilt als repräsentative Messgröße für generelle Leistungsfähigkeit (Neumann et al.,2007; Hottenrott, 2006). Zwölf Wochen nach Auswertung des erstens Test findet ein Re-Test statt, hier wird hinsichtlich der Zielplanung angestrebt, einen Watt/kg Körpergewicht-Wert von mindestens 1,28 zu erreichen, dies entspräche einer Steigung von 0,38 Watt.

Tabelle 8 Richtlinien BMI (WHO,1998)

Klassifizierung	BMI
Untergewicht	< 18,5
Normalgewicht	18,5 – 24,9
Übergewicht	25,0 – 29,9
Adipositas Grad I	30,0 – 34,9
Adipositas Grad II	35,0 – 39,9
Adipositas Grad III	> 40

3 Teilaufgabe 3 – Trainingsplanung Mesozyklus

3.1 Grobplanung Mesozyklus

Tabelle 9 Grobplanung Mesozyklus (eigene Darstellung)

Dauer	6 Wochen
Trainingszielsetzung	Aufbau und Stabilisierung der Grundlagenausdauer 1 (GA1)
Wöchentlicher Gesamtumfang	45 – 180 Minuten
Trainigsmethode(n)	extensive Dauermethode, variable Dauermethode
Belastungsintensität (HFReserve)	60-75 % HfReserve (extensive DM) 70-85% HfReserve (variable DM)
Häufigkeit pro Woche	30 Mal
Dauer pro Trainingseinheit	15 – 40 Minuten
Bewegungsformen	Fahrradergometer, Crosstrainer

Begriffsdefinition: DM= Dauermethode

3.2 Detailplanung Mesozyklus

In den folgenden Tabellen veranschauliche in die verschiedenen Trainingstage des Mesozyklus in detaillierter Darstellung. Zur grundsätzlichen Steuerung der Trainingsintensitäten muss die maximale Herzfrequenz (Hfmax) errechnet werden. Diese wird mittels folgender Formel bestimmt: Hfmax Fahrrad = 200 – Lebensalter (± 10-12 S/min). Zur letztendlichen Berechnung der Traningsherzfrequenz wird die Karvonen-Formel (HfReserve) herangezogen.

Rechnung: Karvonen-Formel: (Hfmax – HfRuhe) x Intensität (%) + HfRuhe (167 – 75) x Intensität (%) + 75 = Trainingsherzfrequenz. Die jeweiligen Intensitäten (%) werden je nach Zieltrainingsmethode eingesetzt.

Tabelle 10 Detailplanung Mesozyklus Woche 1 + 2 (eigene Darstellung)

Trainingstage	Montag	Mittwoch	Freitag
Trainingsziel	Aufbau Grundlagenausdauer 1	Aufbau Grundlagenausdauer 1	Aufbau Grundlagenausdauer 1
Trainingsmethode	extensive Dauermethode	extensive Dauermethode	extensive Dauermethode
Intensität + Herzfrequenz	45% (HfReserve) 107 S/min	45% (HfReserve) 107 S/min	45% (HfReserve) 107 S/min
Dauer	15 Minuten	15 Minuten	15 Minuten
Bewegungsform	Fahrradergometer	Fahrradergometer	Fahrradergometer

Tabelle 11 Mesozyklus Woche 3 (eigene Darstellung)

Trainingstage	Montag	Mittwoch	Freitag
Trainingsziel	Aufbau Grundlagenausdauer 1	Aufbau Grundlagenausdauer 1	Aufbau Grundlagenausdauer 1
Trainingsmethode	extensive Dauermethode	extensive Dauermethode	extensive Dauermethode
Intensität + Herzfrequenz	50% (HfReserve) 111 S/min	50% (HfReserve) 111 S/min	55% (HfReserve) 114 S/min
Dauer	20 Minuten	20 Minuten	20 Minuten
Bewegungsform	Fahrradergometer	Fahrradergometer	Fahrradergometer

Tabelle 12 Mesozyklus Woche 4 (eigene Darstellung)

Trainingstage	Montag	Mittwoch	Freitag
Trainingsziel	Stabilisierung Grundlagenausdauer 1	Aufbau Grundlagenausdauer 1	Stabilisierung Grundlagenausdauer 1
Trainingsmethode	variable Dauermethode	extensive Dauermethode	variable Dauermethode
Intensität + Herzfrequenz	50 – 60%(HfReserve) 111 S/min (50%) 118 S/min (60%)	70% (HfReserve) 125 S/min	50 – 60% (HfReserve) 111 S/min (50%) 118 S/min (60%)
Dauer	30 Minuten **10 Min** 50% (HfReserve) **10 Min** 60% (HfReserve) **10 Min** 50% (HfReserve)	30 Minuten	30 Minuten **10 Min** 50% (HfReserve) **10 Min** 60% (HfReserve) **10 Min** 50% (HfReserve)
Bewegungsform	Fahrradergometer	Fahrradergometer	Crosstrainer

Tabelle 13 Mesozyklus Woche 5 (eigene Darstellung)

Trainingstage	Montag	Mittwoch	Freitag
Trainingsziel	Stabilisierung Grundlagenausdauer	Stabilisierung Grundlagenausdauer	Regeneration und Kompensation
Trainingsmethode	variable Dauermethode	variable Dauermethode	extensive Dauermethode
Intensität + Herzfrequenz	60 – 70 % (HfReserve) 118 S/min (60%) 125 S/min (70%)	60 – 70% (HfReserve) 118 S/min (60%) 125 S/min (70%)	40% (HfReserve) 103 S/min
Dauer	35 Minuten insgesamt. davon: **15 Min** 60% (HfReserve) **15 Min** 70% (HfReserve)	35 Minuten insgesamt davon: **15 Min** 60% (HfReserve) **20 Min** 70% (HfReserve)	25 Minuten
Bewegungsform	Fahrradergometer	Crosstrainer	Fahrradergometer

Tabelle 14 Mesozyklus Woche 6 (eigene Darstellung)

Trainingstage	Montag	Mittwoch	Freitag
Trainingsziel	Entwicklung Grundlagenausdauer 2	Entwicklung Grundlagenausdauer 2	Regeneration und Kompensation
Trainingsmethode	variable Dauermethode	variable Dauermethode	extensive Dauermethode

Intensität + Herzfrequenz	70 – 80% (HfReserve)	70 – 80% (HfReserve)	40 % (HfReserve)
	125 S/min (70%)	125 S/min (70%)	103 S/min
	132 S/min (80%)	132 S/min (80%)	
Dauer	35 Minuten	40 Minuten	25 Minuten
	20 Min 70 %(HfReserve)	20 Min 70 %(HfReserve)	
	15 Min 80% (HfReserve)	20 Min 80% (HfReserve)	
Bewegungsform	Crosstrainer	Crosstrainer	Fahrradergometer
	Fahrradergometer	Fahrradergometer	

Begriffsdefinitionen: S/min = Herzschlagfrequenz pro Minute

3.3 Begründung zum Mesozyklus

3.3.1 Begründung zum angestrebten wöchentlichen Belastungsumfang

Die Person teilte während des Gesprächs beim Check-up Termin mit, dass ihr zeitlicher Verfügungsrahmen bei maximal drei Terminen pro Woche à 60 Minuten liegt. Mehr Zeit könne sie aktuell nicht in den Sport investieren, da sie beruflich und privat viel zu erledigen habe. Hinsichtlich dieser Fakten und der in Aufgabe 1.3 erläuterten Ziele hat sich ein wöchentlicher Belastungsumfang von 45 – 100 Minuten ergeben. Dieser kalkulierte Umfang zielt darauf ab, den aktuellen hypertonischen Blutdruck sowie das Übergewicht der Person zu regulieren. Aus Ergebnissen bisheriger Studien bezüglich Ausdauertrainings in Verbindung mit Hypertonie ging hervor, dass ein regelmäßiges Training von 3- bis 5-mal pro Woche für jeweils 30 - 60 Minuten mit 50 – 60% der maximalen Leistungsfähigkeit effektiv ist, um den Blutdruck zu senken. Zudem sollte der wöchentliche Energieverbrauch durch körperliche Aktivität mindestens 1000 kcal betragen, um zusätzliche kardiovaskuläre Präventiveffekte zu erzielen (Kindermann, 2007, Kapitel 12, S. 233).

3.3.2 Begründung zu den ausgewählten Trainingsmethoden

Die ausgewählten Trainingsmethoden orientieren sich ebenfalls an den in 1.3 festgelegten Zielen (vgl. Tab. 7). Zu Anfang des Mesozyklus bildet die extensive Dauermethode das Fundament des Trainingsplans. Die extensive Dauermethode charakterisiert sich durch eine lange Belastungsdauer mit relativ geringen Intensitäten, damit einhergehend ist ein Training im ausschließlich aeroben Stoffwechselbereich und somit eine Verbesserung der aeroben Leistungsfähigkeit. Hinzuzufügen ist, dass bei der extensiven Dauermethode vor allem der Fettstoffwechsel zur Energiebereitsstellung herangezogen wird (Neumann et al.,2007; Hottenrott, 2006). Die extensive Dauermethode bildet somit eine wichtige Grundlage zur Erreichung der zuvor vereinbarten Ziele (vgl. Tab 7). Im weiteren Verlauf der Trainingssteuerung wird die variable Dauermethode in den Plan integriert. Diese ist gekennzeichnet durch systematisch wechselnde Beanspruchung im Bereich der aeroben Schwelle bis zur anaeroben Schwelle (Olivier, Marschall, & Büsch, 2008, S.161). Ein im Kontext der Zielsetzung bedeutender Aspekt der variablen Dauermethode ist die Verbesserung der Laktatkompensation sowie der Laktatelimination. Die aerobe Leistungsfähigkeit verbessert sich aufgrund der verbesserten Fähigkeit des Organismus Laktat als Substrat über das Blut zu verstoffwechseln.

3.3.3 Begründung zur Belastungsprogression

Wehrlin und Held (2001, S. 209) beschreiben die ideale Belastungsintensität im Ausdauertraining mit folgenden Worten: „Die Trainingsbelastung setzt sich aus der Kombination der Trainingshäufigkeit (Anzahl Trainingseinheiten pro Woche), der Belastungszeit und -Intensität eines Trainings zusammen". Die bedeutendsten Parameter bezüglich der Steuerung einer Belastungsprogression im Ausdauertraining sind die Trainingshäufigkeit sowie die Belastungsdauer bzw. der Umfang des Trainings. Da meine Probandin aus privaten Gründen maximal drei Trainingseinheiten pro Woche absolvieren kann, wird die Optimierung der Trainingshäufigkeit in diesem Falle nicht möglich sein. Als ersten Schritt hinsichtlich der Progression bezieht sich der Trainer folglich auf die Erhöhung der Belastungsdauer (Minuten/Training) und der Intensität (%HfReserve). In den ersten beiden Wochen des Mesozyklus liegt die Belastungsdauer bei 15 Minuten pro Training mit einer Intensität von 45% der HfReserve. In Woche 3 liegt die Dauer pro Trainingseinheit bei 25 Minuten mit einer Intensitätssteigerung von 5 – 10%. In Woche 4 steigt die Dauer auf 30 – 35 Minuten pro Einheit an, zudem lernt die Probandin hier erstmals eine neue Trainingsmethode (variable DM) kennen, die Trainingsintensität liegt hier bei 50 – 70% der HfReserve. Woche 5 startet mit identischer Dauer wie in Woche 4, jedoch steigt die Intensität hier auf 60 – 70% der HfReserve an. Zudem beinhaltet Woche 5 erstmals ein regeneratives Training (REKOM) mit einer HfReserve von 40% und einer Dauer von 25 Minuten. Die letzte Woche des Mesozyklus startet mit einer Intensität von 70 – 80% HfReserve, die maximale Dauer pro Einheit steigt hier auf 40 Minuten. An dieser Stelle des Mesozyklus wird versucht, die Bewegungsform „Crosstrainer" zu integrieren. Aufgrund fehlender Steigerungsmöglichkeiten hinsichtlich der

Häufigkeit fand hier eine Optimierung der Belastungsdauer sowie Intensität statt um eine adäquate Belastungsprogression zu gewährleisten.

3.3.4 Begründung zu den angesteuerten Trainingsbereichen

Der 6-wöchige Mesozyklus basiert ausschließlich auf dem Trainingsbereich der Grundlagenausdauer 1. Neumann, Pfützner & Berbalk definieren die Grundlagenausdauerfähigkeit wie folgt: „Die Grundlagenausdauerfähigkeit (GA-Fähigkeit) ist das Vermögen, eine längere Distanz in aerober Stoffwechsellage zu bewältigen. Die GA ist die entscheidende Voraussetzung für Ausdauerleistungen, denn 60-80% des Trainings werden zur Entwicklung der GA-Fähigkeit aufgebracht". Aufgrund der geringen Trainingserfahrung meiner Person und der schlechten aeroben Leistungsfähigkeit (vgl. Tab 7) ist der Einstig in ein GA1-Training optimal. Der Begriff der Grundlagenausdauer wird mit einer Anpassung des Organismus auf der Ebene motorischer Grundfunktionen, Energiewandlung, Substratbereitstellung sowie mentaler Stabilität zur Ausdauerbewältigung zum Ausdruck gebracht. (Neumann, Pfützner & Berbalk, 2013, S. 131). Das Grundlagenausdauertraining bietet perfekte Einstiegsmöglichkeiten für meine Probandin.

3.3.5 Begründung der ausgewählten Ausdauergeräte bzw. Bewegungsformen

Aufgrund der Tibia-Fraktur auf der linken Seite aus dem Jahr 2018 klagt die Person, wie bereits erwähnt (vgl. Aufgabe 1.3), über spontane sowie provozierbare Schmerzen im linken Unterschenkel. Vor allem bei schnellerem gehen sei der Schmerz sehr dominant. Nach mehrmaligen längeren (30Minuten) Trainingseinheiten auf dem Laufband sowie auf dem Ruderergometer sei der bekannte Schmerz ebenfalls eingetreten. Bis zur Entfernung des Materials aus dem Schienbeinknochen verzichtet meine Probandin aus medizinischer sowie aus eigener Vorsicht/Angst auf diese Formen der Ausdauergeräte. In Anbetracht der geringer Trainingserfahrung und aktuellen Situation der Tibia dienen die Bewegungsformen „Fahrradergomter" sowie „Crosstrainer" für die Durchführung des Mesozyklus.

4 Teilaufgabe 4 – Literaturecherche

Tabelle 15 Literaturrecherche (eigene Darstellung)

Studie	Wirksamkeit eines ambulanten Bewegungsprogramms mit adipösen Erwachsenen	Ausdauertraining mit digitalen Bewegungsspielen – Effekt einer sechswöchigen Trainingsintervention mit einer aktivitäts- gesteuerten Spielkonsole auf die Ausdauerleistungsfähigkeit
Wer hat die Studie durchgeführt?	Schaar, Bettina, Thiele, Corinna, Moos, Jochem	Sohnsmeyer, Jan, Wabnitz, Nico, Weisser, Burkhard
Publizierungsjahr	2006	2012
Forschungsfrage(n)	Wie hoch ist die Wirksamkeit eines ambulanten Bewegungsprogramms mit adipösen Erwachsenen?	Wie verhält sich das Potenzial digitaler Bewegungsspiele hinsichtlich der Ausdauerleistungsfähigkeit?
Versuchspersonen der Studie	**Experimentalgruppe:** n=9, 4 m, 5 w, 42,9 ± 13,0 Jahre, 177,9 ± 9,0 cm, 117,4 ± 24,5 kg **Kontrollgruppe:** n=8, 3 m, 5 w, 40,5 ± 13,4 Jahre, 177,6 ± 10,3cm, 68,7 ± 13,0 kg	**Gesamt:** 27 Versuchspersonen (25,8 ± 3,4 Jahre) gegliedert in Interventionsgruppe und Kontrollgruppe **Interventionsgruppe:** n= 14, 5 m, 9 w, 25,4 Jahre, BMI: 25,3 **Kontrollgruppe:** n=13, 5 m, 8 w, 26,2 Jahre, BMI: 26,9
Versuchsaufbau	• Prospektive Studie mit Experimental- und Kontrollgruppe mit einem Zeitraum von 16 Wochen • Insgesamt wurden 48 Trainingseinheiten durchgeführt, davon waren 24 betreut und 24 ohne Betreuung eines Trainers. • Die Treatmentphase beinhaltete ein Herzfrequenzgesteuertes Ausdauertraining mit Nordic Walking, Aqua Jogging und Fahrradfahren • Die Trainingsintensitäten waren individuell gestaltet, die Trainingshäufigkeit betrug dreimal pro Woche 90 Minuten mit einem Ausdaueranteil von 60 Minuten. • Vor und nach der Treatmentphase wurde mittels Spirometrie eine Grundumsatzmessung auf den Bewegungsformen „Fahrradergometrie" und „Laufband" ermittelt.	• quasiexpertimentelles Untersuchungsdesign (Zweigruppen-Prä-Posttest-Design) • Die Interventionsgruppe absolvierte eine sechswöchiges Trainingsprogramm mit dem Spiel „Your Shape – Fitness Evolved". (2x pro Woche für ca. 35 Minuten) • Für die Trainingseinheiten wurde das spielinterne Fitnessprogramm „Kardio" ausgewählt. • Die Kontrollgruppe erhielt kein spezielles Treatment • Im Prä- und Posttest wurde die Physical Working Capacity (PWC170) bestimmt (Watt/kg).

| Ergebnisse und Schlussfolgerungen | Ergebnisse: Das Körpergewicht hat sich bei beiden Versuchsgruppen stabilisiert. Zudem hat sich die Herzfrequenz signifikant verringert. Bei der VG war eine Steigerung der Wattleistung sowie längere Belastbarkeit zu beobachten. Schlussfolgerungen: Die Studie zeigte, dass das Körpergewicht als leistungslimitierender Faktor zu nennen ist. Zusammenfassend lässt sich sagen, dass sich die Ausdauerfähigkeit bei beiden Gruppen erhöht hat, zudem ist das Körpergewicht im Zeitraum der Untersuchung konstant geblieben. | Ergebnisse: Die Interventionsgruppe hat sich im (PWC170) um ca. 14% verbessert. Bei der Kontrollgruppe bliebt das Ergebnis der (PWC170) nahezu unverändert. Die Erholungsherzfrequenz für die Interventionsgruppe verbesserte sich um ca. 6%, in der Kontrollgruppe nur um 2%. Schlussfolgerungen: Es lässt sich festhalten, dass sich durch das digitale Training die Ausdauerleistungsfähigkeit der Interventionsgruppe im Vergleich zur Kontrollgruppe signifikant verbessert hat. |

Legende: n: Gesamtzahl Teilnehmer, m/w: männlich, weiblich, cm: Körpergröße, kg: Körpergewicht

5 Literaturverzeichnis

BMI Tabelle:

http://www.gbe-bund.de/gbe10/abrechnung.prc_abr_test_logon?p_uid=gast&p_aid=0&p_knoten=FID&p_sprache=D&p_suchstring=8400

Chobanian AV, Bakris GL, Black HR, Cushman WC, Green LA, Izzo JL Jr, Jones DW, Materson BJ, Oparil S, Wright JT Jr, Roccella EJ; Joint National Com mittee on Prevention, Detection, Evaluation, and Treatment of High Blood Pressure. National Heart, Lung, and Blood Institute; National High Blood Pressure Education Program Coordinating Committee (2003). *Seventh report of the Joint National Committee on Prevention, Detection, Evaluation, and Treatment of High Blood Pressure.* (S.1211, S.1222-1225) Boston University School of Medicine, Boston, Mass, USA.

Eiffler, C., Kettenis, L., (2017) *Studienbrief Trainingslehre II* (rev.18.025.000). Saarbrücken: Deutsche Hochschule für Prävention und Gesundheitsmanagement.

Hottenrott, K. (1997). Ausdauertraining. Intelligent effektiv erfolgreich (4. Aufl.). Lüneburg: Wehdemeier & Pusch.

IPN, (2004). *IPN®-Test. Ausdauertest für den Fitness- und Gesundheitssport.* Köln: IPN.

Kindermann, W., Dickhuth, H.-H., Niess, A., Röcker, K. & Urhausen, A. (2003). Sportkardiologie. Körperliche Aktivität bei Herzerkrankungen. Darmstadt: Steinkopff.

Markworth, P. (2010) *Sportmedizin Physiologische Grundlagen*

Neumann, G., Pfützner, A., Berbalk, A. (2013) Optimiertes Ausdauertraining. (7. Auflage) Meyer & Meyer.

Olivier, N., Marschall, F. & Büsch, D. (2008). Grundlagen der Trainingswissenschaft und – lehre. Schorndorf: Hofmann (Verlag) S. 161

Schaar, B., Thiele, C., Moos, J (2006) *Wirksamkeit eines ambulanten Bewegungsprogramms mit adipösen Erwachsenen.* In Ferrauti, A., Remmert, H., (Hrsg.), Trainingswissenschaft im Freizeitsport: Symposium der dvs-Sektion Trainingswissenschaft vom 7.-9. April 2005 in Bochum. Schriften der Deutschen Vereinigung für Sportwissenschaft, Bd. 157, Czwalina, "Trainingswissenschaft im Freizeitsport" Symposium der dvs-Sektion Trainingswissenschaft, Bochum, Deutschland, 07.04.05.

Sohnsmeyer, J., Wabnitz, N., Weisser, Burkhardt. (2012) *Ausdauertraining mit digitalen Bewegungsspielen – Effekt einer sechswöchigen Trainingsintervention mit einer aktivitäts- gesteuerten Spielkonsole auf die Ausdauerleistungsfähigkeit.* Universität Heidelberg.

Wehrlin, J. & Held T. (2001). Fitness durch Ausdauertraining – Bedeutung der individuellen Planung. Sportmedizin und Leistungsdiagnostik, Sportwissenschaftliches Institut, Bundesamt für Sport Magglingen. Band 58, Heft 4 S. 209

6 Tabellenverzeichnis

6.1 Tabellenverzeichnis

BEI GRIN MACHT SICH IHR
WISSEN BEZAHLT

- Wir veröffentlichen Ihre Hausarbeit,
  Bachelor- und Masterarbeit

- Ihr eigenes eBook und Buch -
  weltweit in allen wichtigen Shops

- Verdienen Sie an jedem Verkauf

Jetzt bei www.GRIN.com hochladen
und kostenlos publizieren